7.
Lk 3165.

RÉPONSE

AU PROJET

d'Améliorations et d'Embellissements,

A ILLIERS,

RELATIVEMENT

AU COMBLEMENT DES FOSSÉS

ET

AU PERCEMENT DE NOUVELLES VOIES.

C'est promettre beaucoup; mais qu'en sort-il souvent ?
Du vent.
LA FONTAINE. Liv. 5. Fab. x.

PAR UN HABITANT D'ILLIERS.

CHARTRES. — IMPRIMERIE DE FÉLIX DURAND.

1846.

HABITANTS D'ILLIERS,

Ne soyez pas étonnés de tout ce fracas qui vient de faire trève à vos occupations de chaque jour et dont vos oreilles retentissent encore.

Un homme s'est trouvé, dont l'esprit vif et entreprenant, après avoir passé une jeunesse laborieuse, s'est vu tout à coup livré à lui-même sans plus rien pour se distraire.

Son esprit, flottant continuellement entre le rêve et la réalité, se ressent des contrées nuageuses qu'il habite.

Il vous regarde au travers d'un microscope; de là vient qu'il n'aperçoit pas vos petites proportions, qu'il tente toujours de vous faire entreprendre les travaux les plus fabuleux.

Cet homme, pétillant d'idées nouvelles qui surgissent en lui d'autant plus rapidement qu'il ne s'arrête à aucune, a fini par choisir la plus considérable que jamais homme d'ici ou d'ailleurs eût pu concevoir avec les données qu'il possède.

Il ne s'agit de rien moins que de changer la face entière du pays : boucher les fossés existants, couper les arbres qui vous ombragent, ouvrir de nouvelles communications avec de beaux trottoirs, faire des puits et citernes, imprimer à la masse une direction vers la culture de la citrouille et du haricot.

Il s'est préparé de longue main à cette œuvre, le rêve de sa vie. Plus il a mis de ménagements à vouloir vous faire entrer dans ses vues, plus vous devez les repousser avec énergie.

Vous êtes habitués à ses hallucinations, ne faites que vous souvenir.

L'esprit général est ici porté vers la culture; et, pour arriver à commander aux masses, il faut se mettre à même de les pousser dans la voie qu'elles choisissent.

Qu'a-t-il fait?

"Il s'est mis cultivateur; mais il n'eût encore été qu'un homme comme vous, il fallait se distinguer de la foule. Vous suiviez pas à pas le progrès, il a voulu le devancer. Qu'est-il arrivé de toute cette entreprise? Vous le savez tous, et désormais vous êtes fixés sur la valeur des améliorations d'agriculture qu'il pourra vous proposer un jour.

Sur ce point, sa cause est irrévocablement perdue.

Tourmenté par cette fièvre de projets qu'il enfante chaque jour, il a voulu se jeter dans la carrière publique.

Suivez-le sur ce terrain.

Maire d'Illiers, rêvant l'amélioration du sort des classes pauvres, il créa les soupes économiques; la plaisanterie s'en mêla; ceux même qui devaient y goûter les trouvèrent amères, et le résultat de cette mesure fut : la suppression de ces distributions gratuites comme trop coûteuses, et les épargnes de l'hospice fondues.

Puisque vous venez de voir clair dans ses améliorations, jetez un coup d'œil avec moi sur ses embellissements.

A force de pas et de démarches, une somme fut votée par les conseillers étourdis; l'administration, émerveillée des comptes qui lui furent soumis, prêta les mains à l'achat d'un abattoir.

Ceci nous donnait l'apparence d'une ville.

Oui, mais qu'est-il advenu? nouveau déficit, nouveau projet abandonné avant même d'être mis en exécution.

Une petite construction fut faite à grand frais, puis le tout revendu à perte.

Je vous disais bien qu'il nous voyait au travers d'un microscope. Il confondait les ressources chétives de notre pays, les besoins restreints de nos habitants, avec les ressources et avec besoins des habitants de villes telles que Chartres, Orléans, Paris et tant d'autres; il voulait nous donner un *fac simile* d'abattoir.

L'an dernier, j'entendais dire, en voyant passer des voitures de feuilles venant de Montigny : voici de l'engrais pour les terres, et chacun de rire et de se demander à combien reviendrait le tombereau de ce nouveau fumier et qu'elle serait son efficacité.

Je n'irai pas plus loin; je ne veux que me renfermer dans la cause que je défends, mon intention étant d'éclairer les esprits, de raviver leurs souvenirs et d'éveiller une défiance juste à tous les titres des projets d'améliorations et d'embellissements sortis du même cerveau.

Aujourd'hui c'est une longue brochure d'une trentaine de pages consacrées au développement d'un rêve qui, depuis deux jours, pèse sur nous comme un lourd cauchemar.

Combien M. Fresnaye (car il est inutile de taire son nom) a-t-il consacré de temps à ce nouveau projet? nul ne le sait. Mais il est longuement discuté, assez bien étudié; et pour un rêve comme celui-là, toutes les circonstances en sont fort bien déduites, abstraction faite de trois choses : argent, habitants, et direction des idées de la masse.

Pourquoi vous arrêter à ces misères? Nous allons bientôt voir surgir tout cela d'un coup de baguette, et nous n'aurons plus qu'à suivre la marche qui nous est tracée.

C'est fort bien, me direz-vous; mais en attendant, qu'allons-nous faire?

En attendant, il faut nous renfermer dans la réalité, et descendant dans l'arène combattre corps à corps les mesures contraires à l'ordre et à l'intérêt général, quel est mon projet? Messieurs, c'est d'éveiller ceux qui s'endorment sur la foi de leur volonté unanime pour repousser ces folies.

Nous avons une majorité imposante, mais forts de notre droit nous ne faisons pas assez contre les innovateurs qui nous menacent; il faut nous unir et faire face à tous les événements.

Le maire d'Illiers a provoqué la suppression des fossés.

Pourquoi? parce que le maire est appelé chaque jour chez son neveu, qu'il y va volontiers dans sa voiture et qu'il voudrait raccourcir son chemin en suivant les promenades.

Voilà comme il entend l'intérêt public. Le conseil municipal a approuvé la proposition du maire, mais quel conseil? Sept membres, sur dix présents, ont pris l'initiative; sept membres sur vingt-un, tous dévoués au projet, réunis dans l'ombre, ont adopté cette mesure à la hâte et par surprise.

L'opinion s'est émue de cet acte arbitraire; voilà la source de cette cabale que l'on signale.

Quelques-uns de vos meneurs à vous, M. Fresnaye, n'ont pas été réélus.

Est-ce par cabale? non. Le peuple tout entier est un mandant, ses conseillers municipaux sont des mandataires. Or, écoutez bien ceci : toutes les fois qu'un mandataire s'écarte de son mandat, le mandant le lui retire. Voilà ce qui s'est passé, rien autre chose, et c'est ce motif qui a fait rentrer quelques membres du conseil dans la vie privée.

Vous prétendez que toutes ces propositions, délibérations, enquête, seront soumises au Préfet ; oui certes, et nous le souhaitons plus que personne ; le plus tôt sera le mieux.

M. le Préfet ordonnera-t-il le comblement?

Non, M. Fresnaye, non, en dépit de vous et des vôtres.

Et cela :

1° Parce que le Préfet saura que ceux qui demandent la conservation de l'état de choses sont les propriétaires de la ville, et que dans vos rangs, à vous, il y a beaucoup de gens qui n'y ont aucun intérêt, qui sont mus par le seul besoin d'innover.

2° Parce que depuis quarante et tant d'années qu'ils sont faits, les fossés n'ont jamais été malsains, et que personne n'a pu élever de plaintes à ce sujet.

3° Parce que les fossés sont utiles, malgré votre dire, en cas d'incendie.

4° Parce qu'ils sont utiles à une industrie actuellement existante qui s'exerce sur ses bords.

5° Parce qu'ils sont une source d'agréments pour les habitants et de revenus pour la ville.

INSALUBRITÉ DES FOSSÉS.

Nous disions que les fossés sont salubres et que nulle plainte à ce sujet n'a pu s'élever depuis leur origine ; et nous le prouvons.

Permettez-moi de vous rappeler qu'en 1832, lors de l'épidémie qui sévissait à Illiers, les gens qui avoisinent ces eaux malsaines et insalubres, dites-vous, ont été épargnés, tandis que le fléau décimait les populations de la rue Creuse, de la rue de Fontaine et autres.

Permettez-moi de vous rappeler encore qu'à la même époque vous avez envoyé à la préfecture des bouteilles remplies de cette eau, sous le prétexte que vous me faites valoir aujourd'hui.

Une enquête de médecins, nommée à l'effet d'en examiner la composition, déclara l'eau bonne, et force vous fut d'en rester là pour vos frais de bouteilles.

Quel était alors votre dessein ?

Je ne crois pas, comme on l'a prétendu, que votre but était de fermer une industrie qui s'élevait alors, et qui, si elle eût pris un grand essor, serait devenue une source de richesse pour le pays.

Vous vouliez, à l'aide de ces eaux qu'elle déversait à toute heure, supprimer des fossés qui vous déplaisaient en raison de leur origine.

Vous avez échoué ; fort heureusement pour nous, vous ne réussirez pas davantage aujourd'hui.

Sur quoi vous fonderez-vous pour poursuivre vos prétentions ? vous direz que les fossés répandent une mauvaise odeur.

Si vous parlez d'autrefois, le fait est faux.

Si au contraire vous parlez de cette année seulement, le fait est vrai.

Mais si cette année les fossés répandent une odeur à peine perceptible, c'est votre faute à vous tous, et non vices de l'emplacement.

Que s'est-il passé ?

Le neveu du maire avait des lieux d'aisance permanents établis pour ses ouvriers sur le fossé même. Pourquoi ne l'a-t-on pas empêché de les établir ?

Naissait-il un chat ou un chien dont on voulût se débarrasser : vite on allait le noyer dans les fossés.

Un boucher avait-il de la viande corrompue : vite il allait la jeter dans ces malheureux fossés.

La revendeuse, dont l'établissement sent certes bien plus fort que tous les fossés ensemble, allait peut-être aussi tout dernièrement vider dans ce lieu reprouvé de vous les deux grands paniers de poisson putréfié qu'elle possédait.

Et vous croyez que si on eût fait tout cela dans notre rivière, il n'en serait pas de même ! oui certes, car ce n'est qu'à une cause semblable que les Indiens doivent les pestes continuelles qui désolent les populations des bords du Gange.

Empêchez de verser toutes ces ordures dans les fossés, au lieu d'y prêter les mains. Faites les même nettoyer au besoin, et vous aurez des eaux telles qu'on n'en saurait désirer de meilleures pour l'usage auquel on les emploie.

INCENDIES. — MARAICHERS. — ARROSEMENTS.

Il est malheureusement vrai que tous les jours on parle d'incendies, et c'est ce qui nous rend diligents à combattre un projet qui laisserait à la merci du feu.

Vous prétendez que les fossés manquent d'eau ; donnez-vous la peine de faire le tour de la ville ; cependant nous sommes dans une année de sécheresse.

Nous avons l'eau nécessaire en cas de sinistre, et son emploi n'est pas plus à craindre pour nos pompes que celle de ce ruisseau plein de boue que nous appelons le Loir.

Je veux bien pour un instant abonder dans votre sens : supposons les fossés bouchés.

Des puits larges d'un mètre et demi les remplacent, dites-vous ; deux puits pour toute l'étendue qu'ils occupent !

Mais, outre l'argent qu'il faut pour les établir, vos puits, où trouverez-vous une pompe assez puissante pour aspirer à vingt-cinq ou trente mètres sous le sol assez d'eau pour alimenter le jet d'une pompe à incendie.

Oui, Monsieur, nous sommes dans le vrai en prétendant les fossés utiles à la ville haute en cas d'incendie ; et s'ils réunissent plus de commodités que vos puits, ils ont encore l'avantage immense pour nous de n'entraîner aucun déboursé pour la commune.

Vous parlez de la culture des maraîchers.

Ignorez-vous donc qu'il est indispensable aux hommes qui s'occupent de cette industrie d'avoir de l'eau à proximité ? Comment ceux qui habitent à distance égale de la rue de Chartres et de la rue de Beauce pourront-ils s'en procurer ? Quelle distance auront-ils à parcourir pour puiser à vos puits ?

Auront-ils encore le mal de faire mouvoir les pompes que vous y mettrez, ou bien la commune fera-t-elle monter l'eau à ses frais dans des réservoirs spéciaux, à grand renfort de bras.

Votre projet est impraticable.

Sans doute vous ignorez aussi quelles sont les qualités nécessaires à l'eau destinée à l'arrosement ; je vais vous l'apprendre :

Il faut pour les maraîchers que l'eau soit battue et chauffée au soleil, qu'elle soit loin de sa source.

L'eau de vos puits serait glaciale ; fraîche tirée des entrailles de la terre, elle n'apporterait avec elle aucun suc nourricier comparé à celui que l'on trouve dans celle des fossés.

Mais vous allez répondre que des réservoirs seraient établis où l'eau acquerrait toutes ces qualités.

Rêverie, Monsieur, rêverie que tout cela. Eh! pourquoi pas établir de suite le système Arago? Ce qui est trop coûteux pour la modeste ville de Paris le pourrait-il être pour Illiers?

Quelques millions et tout serait fait. Une pompe à feu, des tuyaux en tous sens, des bornes-fontaines à toutes les portes, dans toutes les maisons de la cave au grenier, des réservoirs immenses à tous les carrefours ; voilà ce qu'il vous faudrait, et ce que je veux aussi.

Vous en viendrez à nous faire cette proposition, je vous le prédis. C'est le moins que vous puissiez faire, sans quoi vous laisserez à la génération future quelque chose à établir, et alors votre but serait manqué.

Laissons ces plaisanteries, car vous ne parviendrez jamais à procurer à nos maraîchers les commodités qu'ils trouvent à l'ordre de choses actuel.

AGRÉMENT. — REVENU PUBLIC.

Vous avez raison de vouloir sacrifier quelque peu à l'opinion publique, même en fait de craintes que vous taxez chimériques.

L'opinion est unanime sur ce point, que les promenades rendent la petite ville d'Illiers plus gaie, qu'il n'est guère d'habitant qui n'y passe avec un sentiment d'orgueil et de plaisir.

Ce qui pour vous est un motif de critique est pour eux une cause de reconnaissance pour cette administration qui précéda la vôtre.

Bien que vous prétendiez que nul ne va s'y promener, je n'ai jamais ouï-dire qu'un étranger fût venu à Illiers sans y porter ses pas.

Certes chacun n'y fait pas son tour journalier ; mais à quoi faut-il attribuer cette apparente désertion du lieu le plus agréable de la contrée?

Les habitants ont tous une occupation qui les retient chez eux et les prive du plaisir de la promenade; mais allez-y le dimanche, alors que toute la population est oisive, et sur celle que précisément vous voulez supprimer la première, vous y verrez une foule aussi compacte que le comporte le nombre de nos habitants.

Jugeons la popularité de l'idée que j'expose par ce qui s'est passé, lorsque sans droit, sans pouvoirs, on avait entrepris par provision le comblement du fossé de la citadelle.

Vous voulez supprimer à grands frais, nous voulons conserver.

Vous voulez gaspiller la fortune publique, nous voulons la mettre à l'abri de vos entreprises.

Les fossés sont empoissonnés; la pêche en est louée moyennant un prix modeste, il est vrai, mais ce revenu forme un capital qui serait absorbé sans profit.

Je le répète, votre projet est impraticable comme contraire à tous les intérêts et à l'opinion.

C'est en vain que vous vous armez du ridicule pour combattre l'enquête qui vient d'avoir lieu.

Souvenez-vous, l'idée n'est pas de moi, que le ridicule est une arme dangereuse qui souvent blesse mortellement l'imprudent qui s'en sert. Si la forme prête à la plaisanterie, le fonds est sérieux, car nos intérêts les plus chers sont en jeu.

Chez vous au contraire, forme et fonds, tout est plaisant, pour ne pas dire plus.

Nous autres petites gens d'Illiers, nous nous attachons plus à faire valoir une bonne idée qu'à revêtir nos rêveries de contours gracieux et poétiques. L'oubli des règles de la syntaxe et le défaut de calligraphie nous nuiront peu dans l'espèce.

Dites-nous si c'est avec tout cela que nous verrons clair dans les comptes de la commune, que nous éteindrons la dette énorme dont elle est grevée.

Le temps est passé où sur un signe, sur un mot de vous, le pays s'unissait à son Maire pour établir des industries chimériques, comme des fabriques de paillassons.

Aujourd'hui la réalité nous frappe, nous voulons conserver pour ne pas perdre encore.

Vous qui cherchez à délivrer les habitants d'Illiers de la crue des eaux, ne voulez-vous donc les sécher d'un côté que pour les noyer d'un autre. Vous n'ignorez pas que les fossés tirent l'eau qui, venant des terres, inonde les habitations des faubourgs de la rue de Chartres et de la rue de Beauce.

Comment obéirez-vous aux justes réclamations de MM. Vangeon, Mercier, Deblois, etc. Songez que le neveu du Maire (votre allié) sera, lui aussi, lésé de cette mesure.

Vous répondrez que l'on établira un perreau sous le comblement que l'on va faire.

Quoi, l'on bâtira à grands frais un petit fossé couvert au lieu d'un grand fossé à ciel ouvert que nous avons déjà!

On fera travailler des terrassiers avec les fonds de la commune! Chaque contribuable paiera *ad vitam æternam* vingt-cinq centimes par franc, pour ne remplir que les intérêts de capitaux empruntés à cet effet!

Voilà ce que nous voyons de plus clair dans votre proposition.

PERCEMENT DE NOUVELLES VOIES.

INSUFFISANCE DES HABITATIONS.

Non-seulement le Préfet ne permettra jamais le comblement des fossés, mais encore le percement des voies nouvelles que vous projetez d'établir en leur place.

Peut-être au milieu d'idées désastreuses que je combats s'en rencontre-t-il quelques bonnes; c'est un point qu'il sera nécessaire de vérifier plus tard.

Vous assimilez Illiers à une roue, soit.

Je mets le moyeu sur la place du Marché; les rues de Chartres, de Beauce, etc., sont ses rais.

Un rais manque, d'après vous, pour la perfection de la figure, et vous demandez le percement des jardins du château.

Joignons-y ce que vous demandez pour la Hoguesse, puis permettez-moi de vous donner un conseil :

Etudiez encore ces deux questions jointes; puis, laissant tout autre projet de percement, présentez-les au conseil si bon vous semble.

Je ne veux rien préjuger sur cette partie de votre plan,

mais je dirai tout au moins que le moment d'émettre une semblable proposition me paraît mal choisi.

Mon projet, je l'ai annoncé au titre de cette petite brochure, étant de m'opposer seulement au comblement des fossés et au percement de nouvelles voies en leurs lieu et place, qu'il ne vous semble pas étonnant de me voir traiter légèrement ou omettre toutes les parties qui y font digression.

Votre système est évident.

Vous voulez des voies circulaires qui déchargent les rais au détriment du moyeu.

Ces voies faisant le tour de la ville n'obligent pas celui qui va de Chartres à Courville ou de Chartres à Brou de passer par Illiers.

Elles n'offrent pas l'embarras que vous trouvez à une circulation au travers de la ville.

Mais encore une fois, Monsieur, sur quoi vous fondez-vous donc pour réclamer cette voie circulaire, que nous, intéressés, nous regardons comme contraire à nos intérêts?

Vous prétendez que les besoins du pays sont impérieux, que la circulation est gênée!

Non, Monsieur, vous êtes dans l'erreur; nous réclamons au contraire, nous, habitants du pays, que l'état de choses continue. Nous n'éprouvons plus d'embarras depuis que l'ancienne mairie a été coupée, que la maison de Dacier-Lhommet s'est retirée en alignement.

D'autres maisons, qui restreignent encore la voie publique, sont sujettes à reculement; attendons quelque peu et nous aurons une route sûre, large et commode.

Nous ne faisons pas sonner bien haut la trompette du progrès, nous autres, mais nous pratiquons les vertus administratives que vous recommandez.

Nous patientons et nous agissons lentement pour arriver plus vite.

Nous poursuivons un but qui se rapproche du vôtre, en ce que nous voulons, comme vous, la liberté et la facilité des communications; nous différons seulement par les moyens.

Nous voulons que les étrangers qui fréquentent nos routes passent nécessairement dans Illiers, car c'est ce qui donne vie et mouvement à un pays.

La vie et le mouvement d'une ville attirent les étrangers qui apportent leur industrie, retiennent ceux qui s'étant enrichis par le travail veulent vivre de la vie bourgeoise.

En vain vous argumentez de l'éloignement de MM. Aubry et Mercier. Que ne comptez-vous parmi ceux que l'amour du clocher retient dans nos rangs, MM. Valery-Mercier et Aubry, tous deux enfants du pays; MM. Liard, Guillaumin, Viron et bientôt Gidoin, étrangers dans notre ville, qui s'y fixent néanmoins.

Notre pays est-il en décadence? c'est un fait incontestable.

Et c'est au moment où sa chute se révèle à nous par la désertion des maisons de la ville, que vous songez à en construire de nouvelles!

Comptez les maisons sans habitants, vous en trouverez un nombre plus grand encore que vous n'en voulez construire.

Dans la rue que vous habitez et celles voisines, regardez de droite et de gauche et vous en compterez plus de vingt.

Croyez-vous bien sincèrement que les causes qui ont fait déserter le contrôleur tiennent au défaut de logement? je ne le pense pas. C'est une raison quelconque que vous mettez en avant : d'ailleurs, Monsieur, que ferait la présence de ce fonctionnaire pour la richesse du pays.

Vous dites que nos habitations sont insuffisantes : si nous le pensions, comme vous avez l'air de le croire, qui nous empêcherait d'en acheter de nouvelles? Il y en a bien assez pour satisfaire toutes les ambitions.

Les auberges ne peuvent s'agrandir, elles sont insuffisantes.

Mais il n'y vient personne.

L'auberge de la Ville-de-Chartres est trop resserrée; nous sommes de votre avis. Aussi le propriétaire vient-il d'acheter pour trois mille et quelques cents francs une maison et jardin qui le bornaient au nord, sur la rue de Chartres.

Vous connaissez cette maison. Dites-nous donc si avec le double de cette somme vous la feriez construire.

Illiers est ainsi fait que celui qui dépense quarante mille francs en constructions peut à peine trouver 4 ou 500 francs de loyer.

Et vous voulez construire! Méditez bien ceci, Monsieur, et sortez de ce dilemme.

Malgré tous les projets dont vous leurrez leur esprit, les habitants d'Illiers ne sortiront pas de chez eux.

Ou bien ils céderont, comme vous le prétendez, au besoin d'agrandissement.

S'ils ne sortent pas de chez eux; si l'amour du toit les retient : quoi que vous fassiez, ils n'iront pas sur vos voies désertes jeter leurs fonds dans des constructions hasardées.

Si au contraire tout prêts à céder à leur voisin qui, pour nous servir de votre expression, ne veut pas péter dans sa maison, resserré qu'il est par les murailles et le toit, il vendra.

Mais une fois l'argent en poche, ira-t-il bâtir ? non. Il ira, pour moitié prix de la construction, acheter une maison toute faite où il se trouvera fort à son aise.

Vous avez une maison. Elle est logeable ; elle est assez vaste pour vous qui avez de la fortune, beaucoup trop pour nous qui n'avons que le nécessaire.

Mettez-la en location, et il vous faudra attendre des années pour en tirer 500 francs de loyer.

Mettez-la en vente, et vous attendrez un demi-siècle pour en toucher 15,000 fr.

Et elle a coûté au moins 40,000 francs à établir.

Combien a coûté la maison de M. Brault, et pour quelle somme ses héritiers veulent-ils la vendre?

M. Mercier, de Chartres, a dit en plein conseil qu'il abandonnait sa maison à la ville pour trente-cinq mille francs ; vous, tout le premier, vous êtes déclaré opposant.

Et cette maison a coûté quatre-vingts mille francs à bâtir.

Vous voyez, Monsieur, que les maisons sont suffisantes aux habitants ; que l'espace ne leur manque pas ; partant, qu'ils n'ont pas besoin de nouvelles voies pour le moment.

COUP D'OEIL

SUR

LES ADMINISTRATIONS ANTÉRIEURES.

Que vous enfantiez des prodiges; que vous essayiez de toutes les industries ; que vous tentiez par toute sorte de moyens de nous faire marcher à votre fantaisie, je n'y vois que demi-mal, car nous sommes là pour nous défendre.

Mais que vous attaquiez les administrations antérieures à la vôtre, c'est en quoi vous avez tort.

Vous me forcez à rendre blâme pour blâme.

MM. Manoury et Aubry resteront dans l'esprit public pour vous primer comme citoyens utiles au pays.

Je ne ferai pas ici l'apologie de leur carrière ; il me suffit que chaque habitant conserve leur nom gravé au fond du cœur.

Vous avez tort de chercher à déverser le blâme sur des hommes qui ne sont plus, sur des choses qu'il serait si facile d'éclaircir à votre désavantage.

Vous avez tort d'aller fouiller jusque dans les amusements particuliers, car vous menez la discussion sur un terrain trop glissant pour vous.

Mais, rassurez-vous, Monsieur ; deux mots encore, et je termine ma tâche.

M. Manoury était, dites-vous, un homme timide et ménager.

Timide : parce qu'il ne songeait pas à nous jeter dans ces entreprises onéreuses qui nous causent une si juste appréhension.

Ménager : parce qu'au lieu de grever la commune, il avait amassé une somme pour faire face à des besoins imprévus qui pouvaient surgir d'un moment à l'autre.

Nous ne pouvons laisser passer de pareilles expressions. Savez-vous comment l'appellent les hommes qui l'ont connu ? c'était, disent-ils, un homme prudent et sage.

M. Aubry, qui vint après, trouva dans la caisse de la ville cette somme dont vous-même établissez le chiffre ; il se résolut à l'employer d'une manière utile et agréable.

La ville était entourée de fossés à peu près tels qu'il sont aujourd'hui ; seulement ce n'était que trous fangeux, ronces et épines ; le rejet du fossé était raboteux, impraticable.

M. Aubry, voulut en faire un lieu commode, et peut-être qui pût servir d'appât pour attirer les étrangers, comme vous voulez le faire avec votre voie circulaire.

Une demande fut adressée au Préfet, qui approuva le projet, et les travaux furent commencés.

M. Jouzeau avait consenti des premiers à cette mesure d'embellissement; pourquoi donc, à cette occasion, l'amitié qui l'unissait alors à M. Aubry fut-elle tout à coup rompue?

Il avait été décidé qu'une double ligne d'arbres serait plantée sur ces terrains aplanis, et le projet reçut son exécution.

M. Jouzeau père possédait un jardin riverain de ces fossés; lorsque les arbres commencèrent à être dressés le long de son mur de clôture, son fils, celui dont il est question dans votre brochure, voulut arrêter les travaux, prétendant que les racines de ces arbres viendraient tuer la végétation de ce jardin en passant par-dessous le mur.

Il fallait passer outre, contrairement à sa volonté, ou défaire ce qui était déjà fait; car l'égalité, la justice voulaient qu'il ne fût pas excepté de la mesure générale, les autres riverains ayant laissé planter à la même distance de leurs propriétés.

M. Aubry, qui d'ailleurs traitait en plaisanterie cette étrange résistance, donna ordre de continuer, et l'embellissement projeté devint un fait accompli.

Voilà la source d'une querelle qui durera toujours.

Si maintenant M. Jouzeau, seul opposant à cette administration éclairée, fut contraint de se retirer du conseil, cela tient à ce qu'il apportait dans les délibérations des tracasseries continuelles, et que son inimitié trop évidente, entravant sans cesse la marche des affaires, éloignait de lui toutes les opinions.

Il se retira de dépit.

M. Aubry avait un neveu qu'il couvrait, dites-vous, du manteau de sa toute puissance; vous savez le contraire tout le premier.

Voici quel est, à ce sujet, le bruit public:

Les fossés étaient destinés à servir de réservoir d'eau en cas de sinistre, et nul n'avait encore droit d'y puiser, que déjà le nommé Pantou, qui tenait le jardin de M. Jouzeau père, avait creusé par-dessous la promenade un perreau destiné à tirer l'eau réservée. (1)

M. Aubry connut ce fait; il voulut rendre général un droit que Pantou s'était arrogé.

---

(1) Ce perreau fut creusé par Vasseur, le père du cantonnier actuel de la route de Chartres.

M. Aubry, son neveu, reçut autorisation (qui fut étendue à tous) de faire un pareil perreau ; mais à quelles conditions ?

Ce qui chez M. Jouzeau père était en terre et pierres sèches, il dut le faire en pierres, chaux et ciment.

Ce droit fut étendu à tous les riverains quels qu'ils fussent, et la seule restriction qui fut apportée, c'est qu'on ne pourrait puiser que l'excédant de dix-huit pouces d'eau jugés utiles à la ville en cas de sinistre.

Voilà ce grand abus de pouvoir que vous signaliez à l'opinion, restreint et renfermé dans ses véritables proportions.

J'irai plus loin :

M. Jouzeau père mort, le fameux jardin devint la propriété de M. Lanoue-Jouzeau, et tout dernièrement vous le recueillîtes avec tout l'héritage de votre oncle décédé sans enfants.

Eh bien, Monsieur, dites-nous donc pourquoi vous criez si fort contre le perreau de M. Aubry, vous qui, depuis que vous êtes propriétaire du jardin en question, l'avez fait creuser encore.

Mesurez la profondeur de vos deux conduits et dites-nous auquel doit s'attacher le blâme.

Et maintenant, habitants d'Illiers, vous voyez la violence de l'attaque, vous avez lu la réponse que nous nous sommes efforcé de faire.

Depuis longtemps sans doute le conseiller d'arrondissement que vous avez nommé appuie le projet qui se manifeste avec tant de retentissement.

Déjà peut-être il a su faire entrer le préfet dans ses vues, car, vous le savez, qui n'entend qu'un n'entend rien.

Veillez, la ruine est à vos portes.

Songez que votre conseiller d'arrondissement n'a aucune propriété qu'il puisse compromettre dans cette mesure.

Songez au mandat que vous lui avez conféré, voyez s'il le remplit d'une manière conforme à vos vues ; et si vous croyez qu'il compromet nos intérêts, que ceci vous serve de leçon et inspire votre choix à l'époque des élections nouvelles.

Unissons-nous, je vous l'ai dit ; mais il nous faut un chef, un homme qui nous guide dans nos réclamations, qui ne laisse pas nos pétitions moisir dans les bureaux de la préfecture.

Nous avons le bonheur d'avoir un préfet qui veut avant tout le bien et l'intérêt de tous; que notre conseiller général aie le courage de son opinion ; qu'il fasse valoir nos motifs auprès du préfet, et nous réussirons, je n'en doute pas un instant.

Chartres. — Imprimerie de Félix DURAND.